AF175785

Impressum
Verlag: BABADADA GmbH, Nedderfeld 112 , 22529 Hamburg
Geschäftsführer / Verlagsleitung: Harald Hof
Druck: Books on Demand GmbH, In de Tarpen 42, 22848 Norderstedt

Imprint
Publisher: BABADADA GmbH, Nedderfeld 112 , 22529 Hamburg, Germany
Managing Director / Publishing direction: Harald Hof
Print: Books on Demand GmbH, In de Tarpen 42, 22848 Norderstedt

школа
school

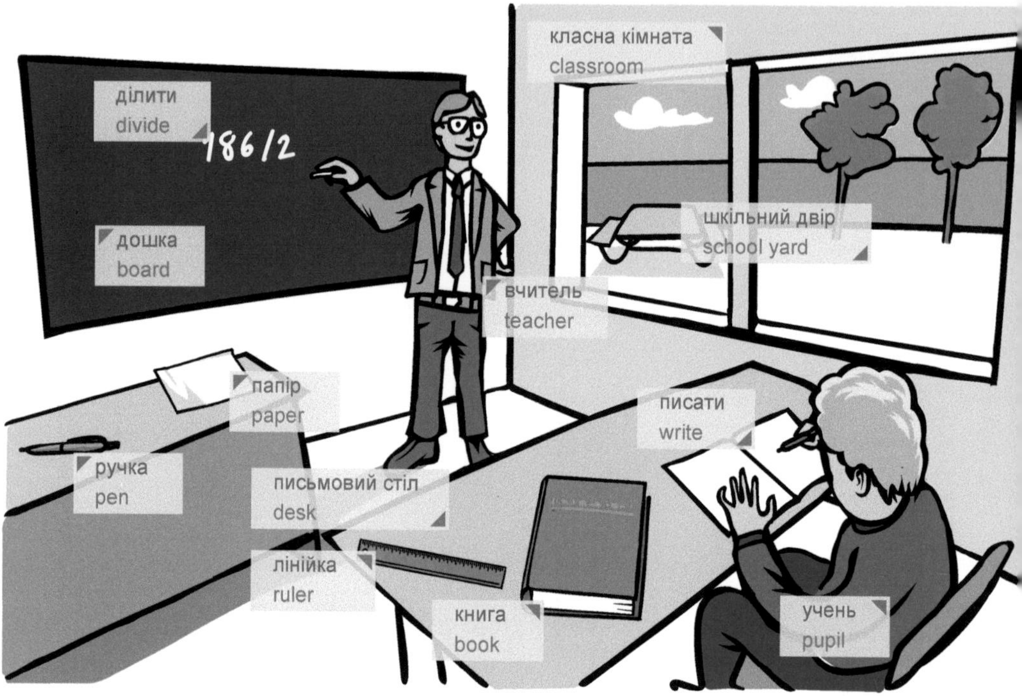

класна кімната
classroom
ділити
divide
186/2
дошка
board
шкільний двір
school yard
вчитель
teacher
папір
paper
писати
write
ручка
pen
письмовий стіл
desk
лінійка
ruler
книга
book
учень
pupil

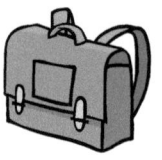

ранець
satchel

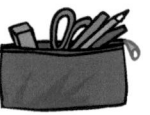

пенал
pencil case

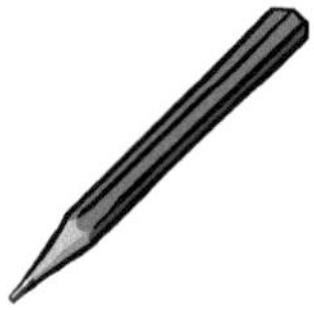

олівець
pencil

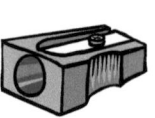

точило
pencil sharpener

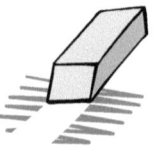

гумка
rubber

альбом для малювання
drawing pad

малюнок

drawing

пензель

paintbrush

коробка фарб

paint box

ножиці

scissors

клей

glue

зошит

exercise book

домашнє завдання

homework

число

number

2+2

додавати

add

віднімати

subtract

множити

multiply

рахувати

calculate

літера

letter

абетка

alphabet

слово

word

текст

text

читати

read

крейда

chalk

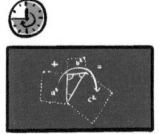

година

lesson

класний журнал

register

екзамен

exam

диплом

certificate

шкільна форма

school uniform

освіта

education

лексикон

encyclopedia

університет

university

мікроскоп

microscope

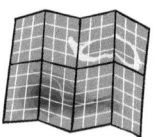

карта

map

кошик для паперу

waste-paper basket

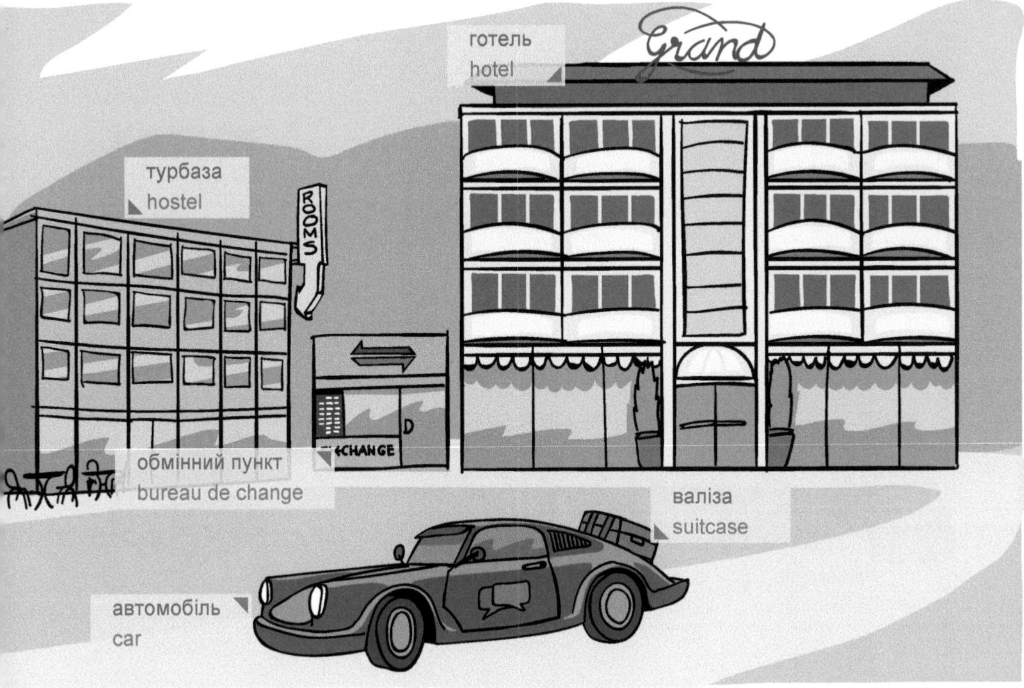

готель
hotel
Grand
турбаза
hostel
ROOMS
обмінний пункт
bureau de change
валіза
suitcase
автомобіль
car

мова
language

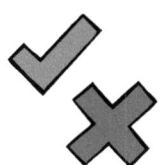

так / ні
yes / no

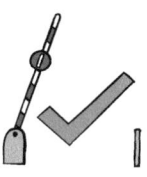

добре
Okay

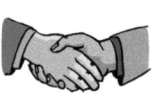

привіт
hello

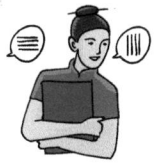

перекладач
translator

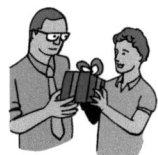

дякую
Thank you

Скільки коштує ...?

how much is...?

Я не розумію

I do not understand

проблема

problem

Добрий вечір!

Good evening!

Доброго ранку!

Good morning!

На добраніч!

Good night!

До побачення

bye bye

напрямок

direction

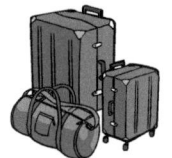

багаж

luggage

сумка

bag

рюкзак

backpack

гість

guest

кімната

room

спальний мішок

sleeping bag

намет

tent

туристична інформація

tourist information

пляж

beach

кредитна картка

credit card

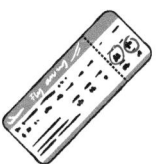

сніданок

breakfast

обід

lunch

вечеря

dinner

квиток

ticket

ліфт

lift

поштова марка

stamp

межа

border

митниця

customs

посольство

embassy

віза

visa

паспорт

passport

транспорт
transport

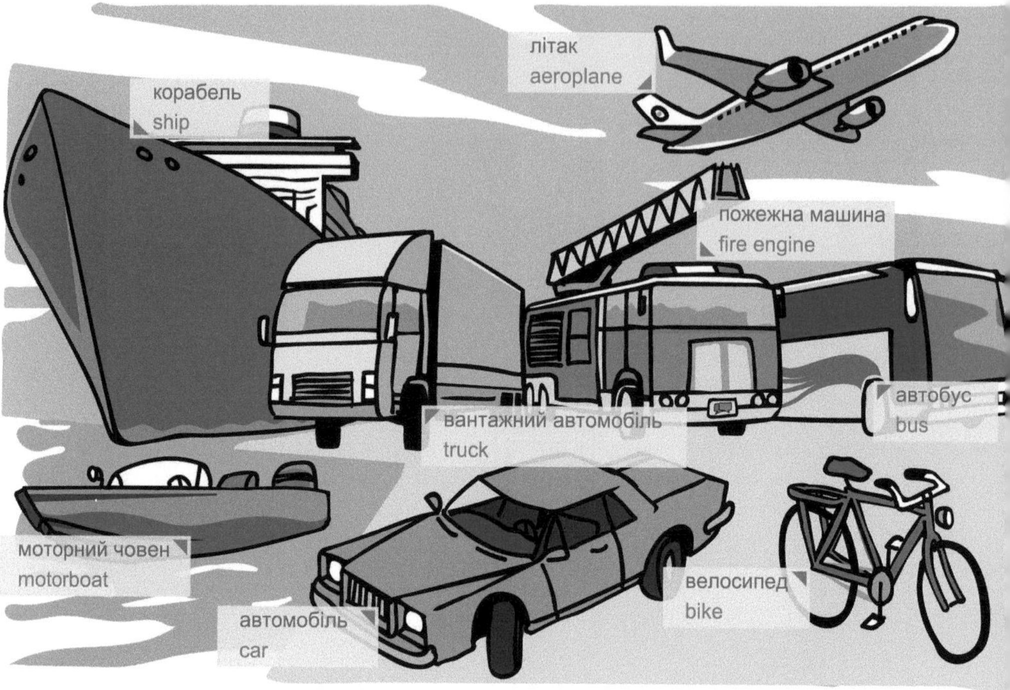

корабель
ship

літак
aeroplane

пожежна машина
fire engine

автобус
bus

вантажний автомобіль
truck

моторний човен
motorboat

велосипед
bike

автомобіль
car

пором

ferry

човен

boat

мотоцикл

motorbike

поліцейська машина

police car

гоночний автомобіль

racing car

автомобіль на прокат

rental car

іільне користування авто

car sharing

евакуатор

breakdown truck

сміттєвоз

refuse truck

двигун

motor

паливо

fuel

автозаправна станція

petrol station

дорожній знак

traffic sign

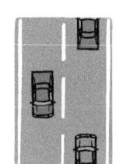

рух

traffic

затор

traffic jam

стоянка

car park

вокзал

train station

рейки

tracks

потяг

train

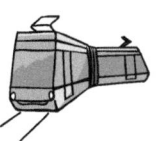

трамвай

tram

вагон

carriage

гелікоптер

helicopter

аеропорт

airport

вежа

tower

пасажир

passenger

контейнер

container

коробка

carton

візок

cart

кошик

basket

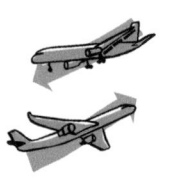

стартувати / приземлятися

take off / land

місто

city

село

village

центр міста

city centre

дім

house

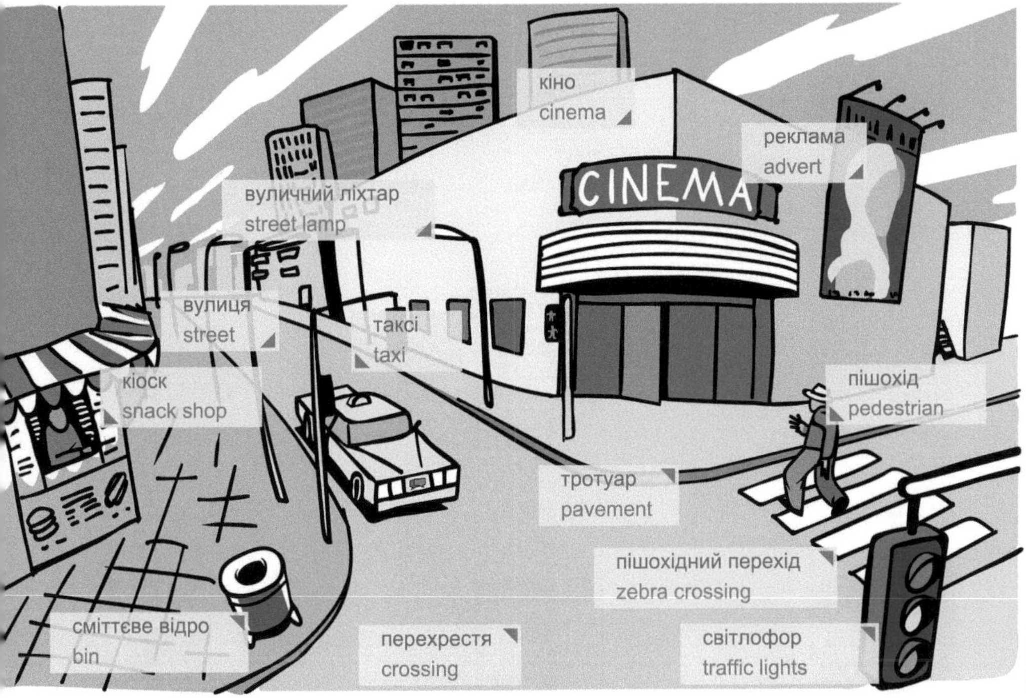

кіно
cinema

реклама
advert

вуличний ліхтар
street lamp

CINEMA

вулиця
street

таксі
taxi

пішохід
pedestrian

кіоск
snack shop

тротуар
pavement

пішохідний перехід
zebra crossing

сміттєве відро
bin

перехрестя
crossing

світлофор
traffic lights

хатина
hut

квартира
flat

вокзал
train station

ратуша
town hall

музей
museum

школа
school

місто - city

університет

university

банк

bank

лікарня

hospital

готель

hotel

аптека

pharmacy

офіс

office

книжковий магазин

book shop

магазин

shop

квітковий магазин

florist's

супермаркет

supermarket

ринок

market

універмаг

department store

торговець рибою

fishmonger's

торговельний центр

shopping centre

гавань

harbour

парк

park

лава

bench

міст

bridge

сходи

stairs

метро

underground

тунель

tunnel

автобусна зупинка

bus stop

бар

bar

ресторан

restaurant

поштова скринька

postbox

вулична табличка

street sign

лічильник паркування

parking meter

зоопарк

zoo

басейн

swimming pool

мечеть

mosque

ферма
farm

забруднення
навколишнього
середовища
pollution

кладовище
graveyard

церква
church

дитячий майданчик
playground

храм
temple

ландшафт
landscape

листок
leaf

вказівний стовп
signpost

шлях
way

луг
meadow

камінь
stone

дерево
tree

мандрівник
hiker

річка
river

трава
grass

квітка
flower

долина

valley

гора

hill

озеро

lake

ліс

forest

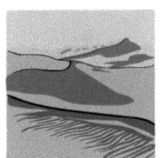

пустеля

desert

вулкан

volcano

замок

castle

веселка

rainbow

гриб

mushroom

пальма

palm tree

комар

mosquito

муха

fly

мурашка

ant

бджола

bee

павук

spider

жук

beetle

жаба

frog

вивірка

squirrel

їжак

hedgehog

заєць

hare

сова

owl

птах

bird

лебідь

swan

кабан

boar

олень

deer

лось

moose

гребля

dam

вітряк

wind turbine

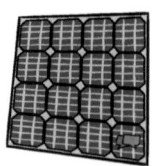

сонячний модуль

solar panel

клімат

climate

ресторан
restaurant

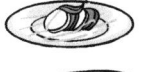

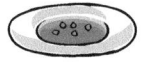

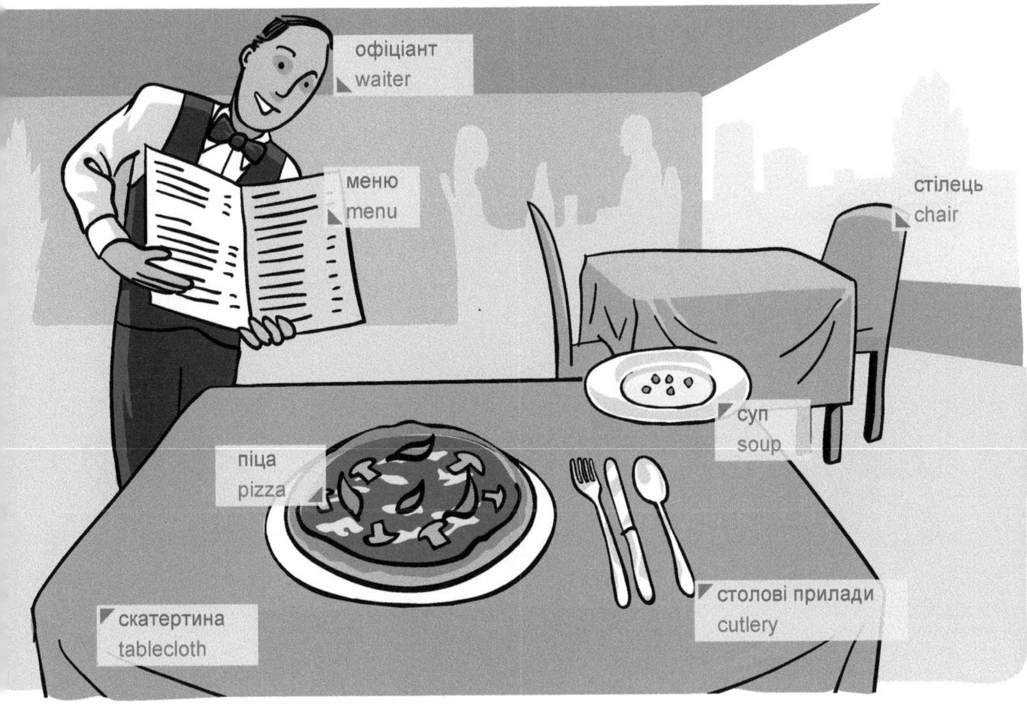
офіціант
waiter
меню
menu
стілець
chair
суп
soup
піца
pizza
скатертина
tablecloth
столові прилади
cutlery

закуска

starter

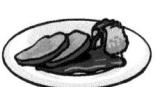

друга страва

main course

десерт

dessert

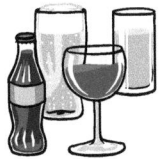

напої

drinks

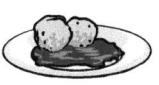

їжа

food

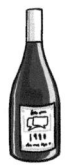

пляшка

bottle

фаст-фуд

fast food

вулична їжа

street food

чайник

teapot

цукорниця

sugar bowl

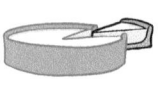

порція

portion

еспресо-машина

espresso machine

високий стільчик

high chair

рахунок

bill

піднос

tray

ніж

knife

вилка

fork

ложка

spoon

чайна ложка

teaspoon

серветка

serviette

склянка

glass

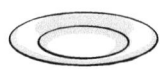

тарілка

plate

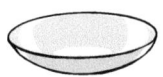

тарілка для супу

soup plate

блюдце

saucer

соус

sauce

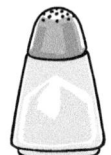

солонка

salt pot

млин для перцю

pepper mill

оцет

vinegar

масло

oil

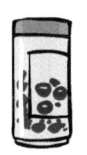

спеції

spices

кетчуп

ketchup

гірчиця

mustard

майонез

mayonnaise

супермаркет
supermarket

пропозиція
special offer
FOR
клієнт
customer
молочні продукти
dairy
фрукти
fruit
візок для покупок
trolley

BUTCHERS

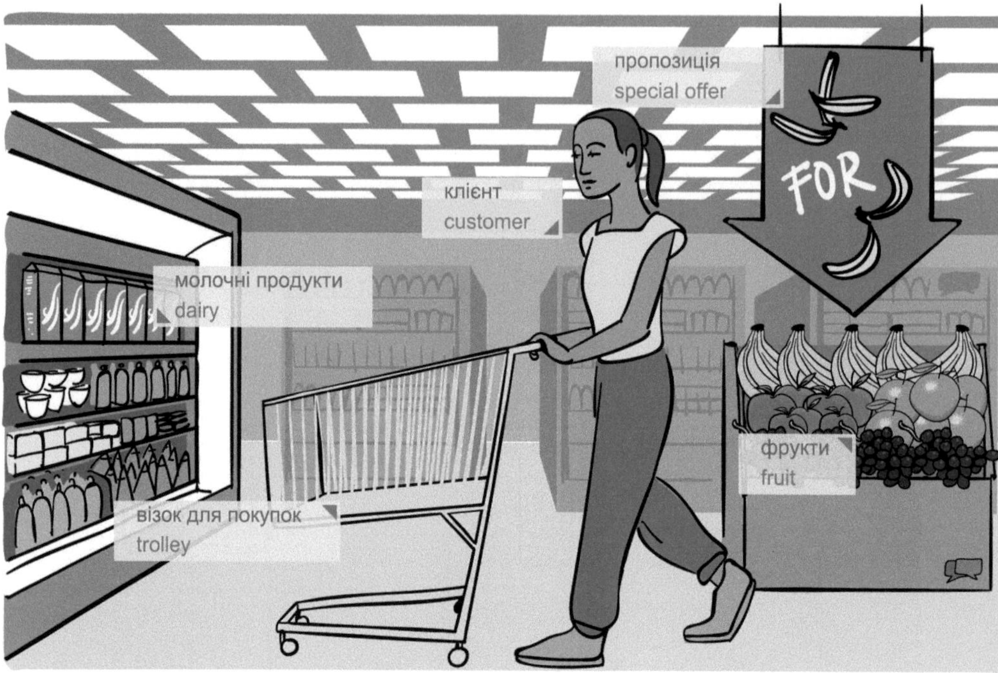

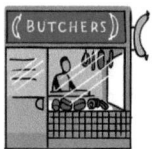

м'ясний магазин

butcher´s

BAKERY

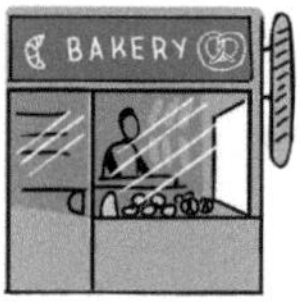

пекарня

baker´s

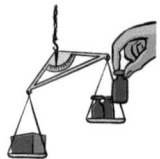

зважувати

weigh

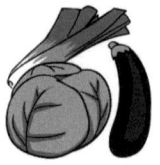

овочі

vegetables

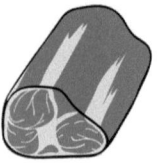

м'ясо

meat

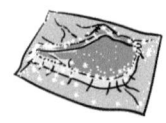

заморожені продукти

frozen food

ковбасна нарізка

cold meat

консерви

tinned food

пральний порошок

washing powder

солодощі

sweets

предмети домашнього побуту

household products

мийний засіб

cleaning products

продавщиця

salesperson

каса

till

касир

cashier

список покупок

shopping list

часи роботи

opening hours

гаманець

wallet

кредитна картка

credit card

сумка

bag

поліетиленовий пакет

plastic bag

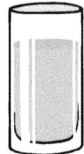

вода

water

сік

juice

молоко

milk

кола

coke

вино

wine

пиво

beer

алкоголь

alcohol

какао

cocoa

чай

tea

кава

coffee

еспресо

espresso

капучіно

cappuccino

банан

banana

яблуко

apple

апельсин

orange

кавун

melon

лимон

lemon

морква

carrot

часник

garlic

бамбук

bamboo

цибуля

onion

гриб

mushroom

горішки

nuts

локшина

noodles

спагеті

spaghetti

рис

rice

салат

salad

картопля фрі

chips

смажена картопля

fried potatoes

піца

pizza

гамбургер

hamburger

бутерброд

sandwich

шніцель

cutlet

шинка

ham

салямі

salami

ковбаса

sausage

курка

chicken

печеня

roast

риба

fish

вівсяні пластівці

porridge oats

мюслі

muesli

кукурудзяні пластівці

cornflakes

борошно

flour

круасан

croissant

булочка

bread roll

хліб

bread

тостовий хліб

toast

печиво

biscuits

масло

butter

сир

curd

пиріг

cake

яйце

egg

яєчня

fried egg

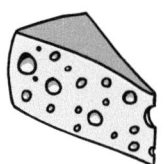

сир

cheese

їжа - food

морозиво

ice cream

цукор

sugar

мед

honey

мармелад

jam

нуга-крем

chocolate spread

карі

curry

їжа - food

ферма
farm

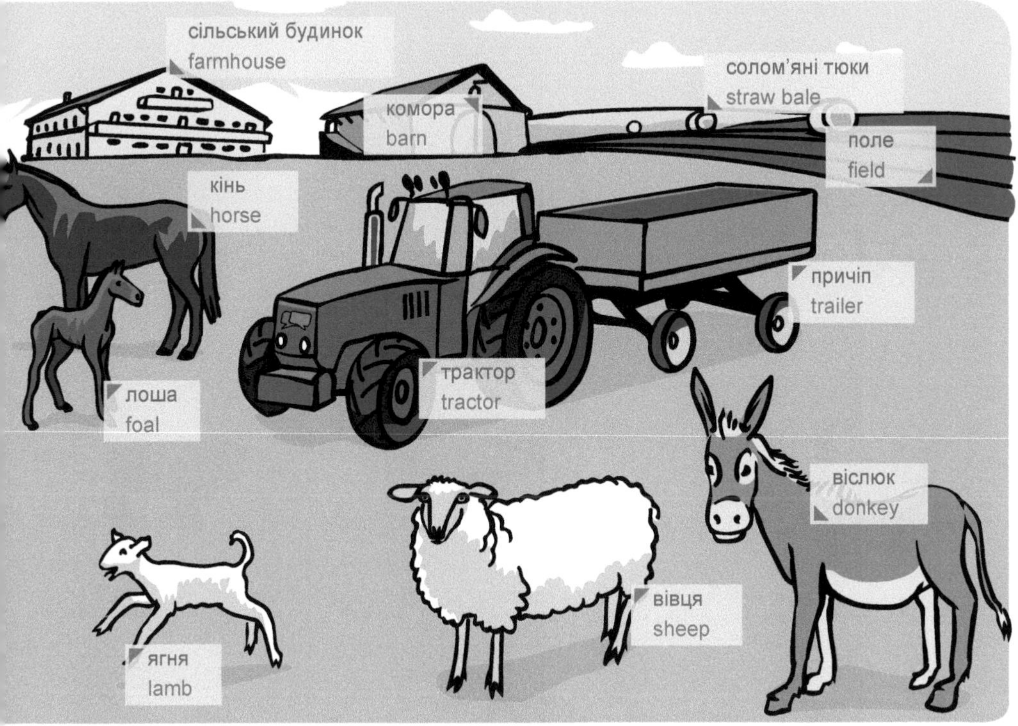
сільський будинок
farmhouse
солом'яні тюки
straw bale
комора
barn
поле
field
кінь
horse
причіп
trailer
трактор
tractor
лоша
foal
віслюк
donkey
вівця
sheep
ягня
lamb

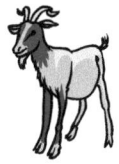

коза

goat

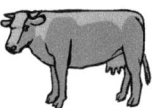

корова

cow

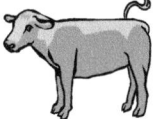

теля

calf

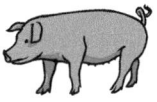

свиня

pig

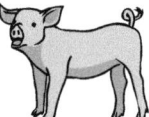

порося

piglet

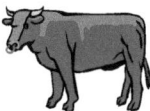

бик

bull

гусак

goose

качка

duck

курча

chick

курка

hen

півень

cock

щур

rat

кіт

cat

миша

mouse

віл

ox

собака

dog

собача будка

doghouse

садовий шланг

garden hose

лійка

watering can

коса

scythe

плуг

plough

серп
sickle

мотика
hoe

вила
pitchfork

сокира
axe

тачка
wheelbarrow

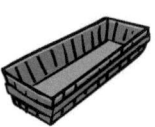

корито
trough

бідон молока
milk can

мішок
sack

паркан
fence

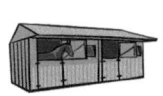

хлів
stable

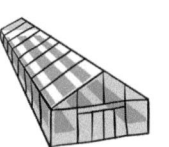

теплиця
greenhouse

ґрунт
soil

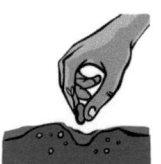

насіння
seed

добриво
fertilizer

комбайн
combine harvester

ферма - farm

пожинати

harvest

урожай

harvest

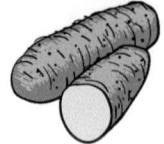

корінь ямсу

yams

пшениця

wheat

соя

soy

картопля

potato

кукурудза

corn

ріпак

rapeseed

плодове дерево

fruit tree

маніок

cassava

злаки

cereals

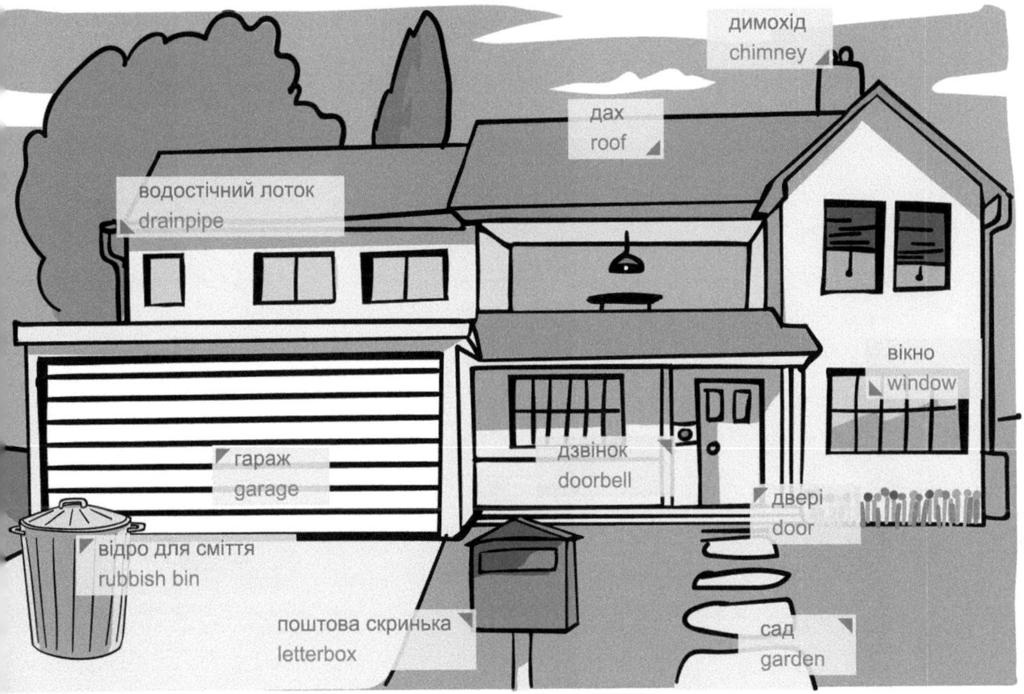

димохід
chimney

дах
roof

водостічний лоток
drainpipe

вікно
window

гараж
garage

дзвінок
doorbell

двері
door

відро для сміття
rubbish bin

поштова скринька
letterbox

сад
garden

вітальня

living room

ванна кімната

bathroom

кухня

kitchen

спальня

bedroom

дитяча кімната

child's room

їдальня

dining room

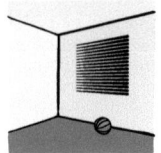

підлога

floor

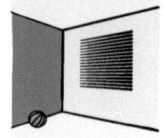

стіна

wall

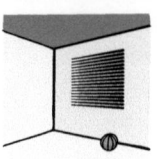

стеля

ceiling

підвал

cellar

сауна

sauna

балкон

balcony

тераса

terrace

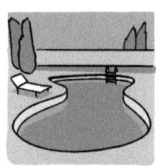

басейн

pool

косарка

lawn mower

простирало

sheet

ковдра

bedspread

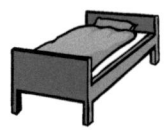

ліжко

bed

мітла

broom

відро

bucket

перемикач

switch

вітальня
living room

шпалери
wallpaper
малюнок
picture
лампа
lamp
поличка
shelf
шафа
cupboard
телевізор
television
камін
fireplace
квітка
flower
подушка
cushion
диван
sofa
ваза
vase
пульт
remote control

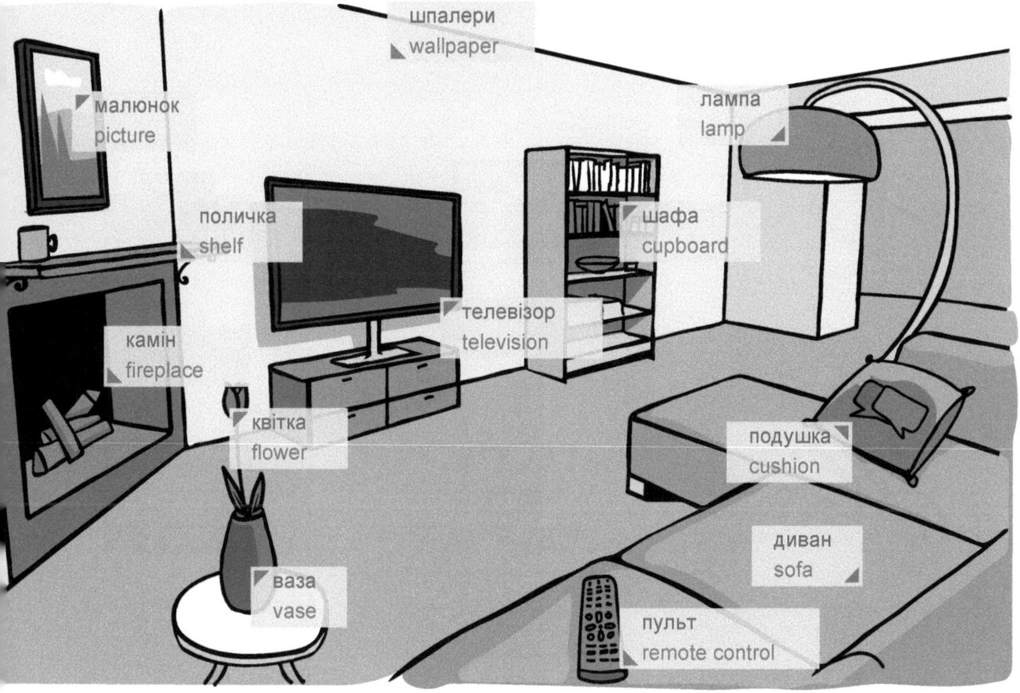

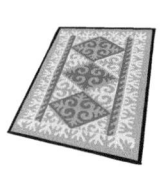

килим

carpet

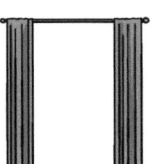

завіса

curtain

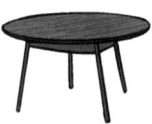

стіл

table

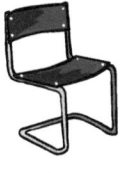

стілець

chair

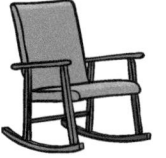

крісло-гойдалка

rocking chair

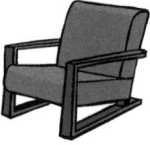

крісло

armchair

книга

book

ковдра

blanket

прикраса

decoration

дрова

firewood

фільм

film

стереосистема

hi-fi equipment

ключ

key

газета

newspaper

картина

painting

плакат

poster

радіо

radio

блокнот

notepad

пилосос

hoover

кактус

cactus

свічка

candle

холодильник
fridge

мікрохвильова піч
microwave oven

кухонні ваги
kitchen scales

тостер
toaster

мийний засіб
detergent

піч
oven

тостер
toaster

морозильне відділення
freezer

відро для сміття
rubbish bin

посудомийна машина
dishwasher

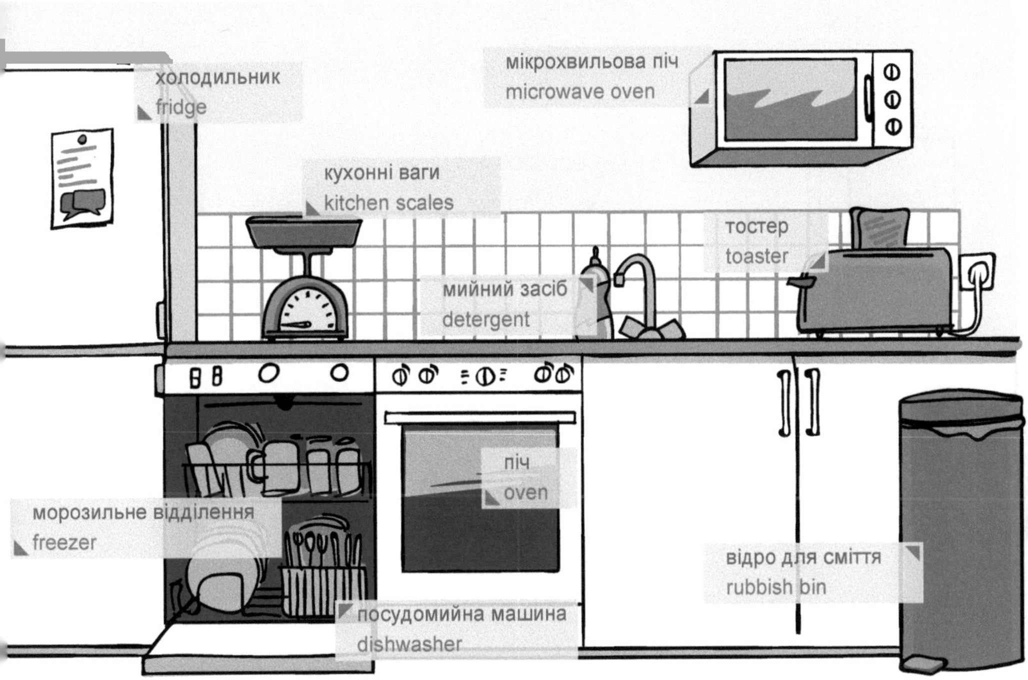

плита

cooker

горщик

pot

чавунний горщик

cast-iron pot

вок / кадай

wok / kadai

сковорода

pan

чайник

kettle

пароварка

steamer

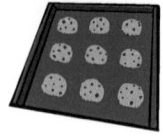

лист

baking tray

посуд

crockery

кухоль

mug

чаша

bowl

палички для їжі

chopsticks

черпак

ladle

лопатка

spatula

вінчик для збивання

whisk

сито

strainer

сито

sieve

терка

grater

ступка

mortar

барбекю

barbecue

багаття

open fire

дошка

chopping board

качалка

rolling pin

штопор

corkscrew

конзерва

can

відкривачка

can opener

прихватки

pot holder

раковина

sink

щітка

brush

губка

sponge

міксер

blender

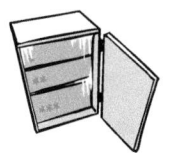

морозильна камера

deep freezer

дитяча пляшка

baby bottle

кран

tap

ванна кімната

bathroom

опалення
heating
душ
shower
рушник
towel
душова завіса
shower curtain
піниста ванна
bubble bath
ванна
bathtub
склянка
glass
пральна машина
washing machine
кран
tap
плитка
tiles
горшок
potty
раковина
sink

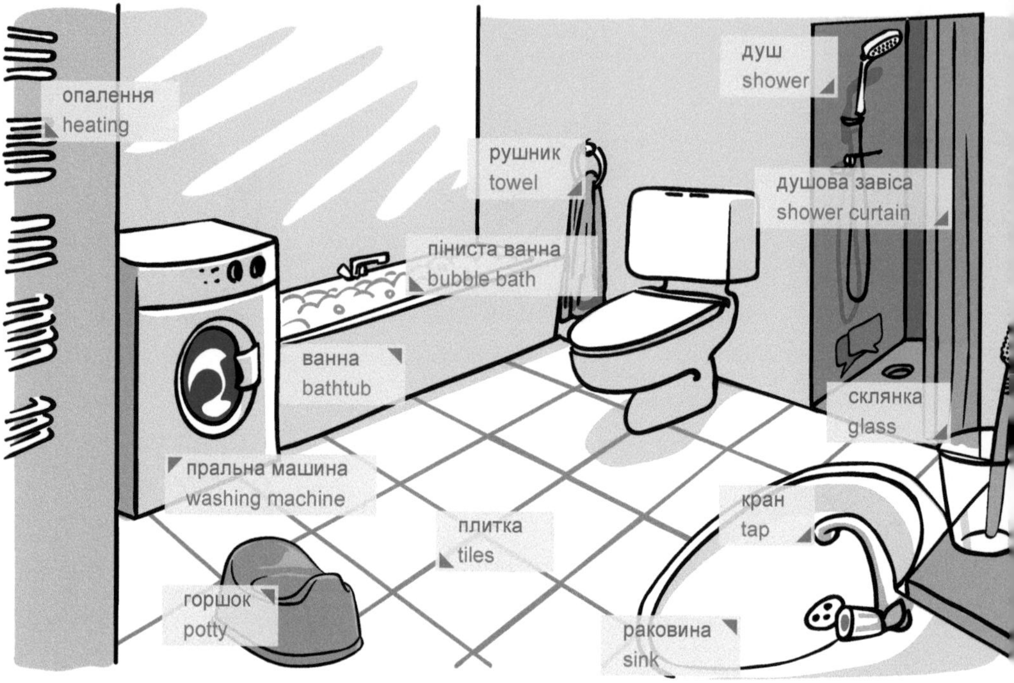

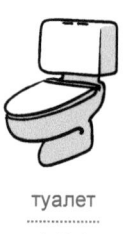

туалет

toilet

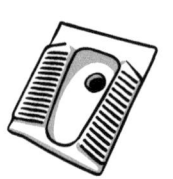

підлоговий туалет

squat toilet

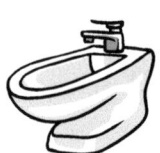

біде

bidet

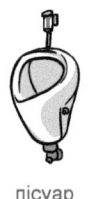

пісуар

urinal

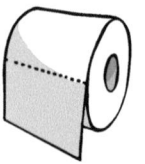

туалетний папір

toilet paper

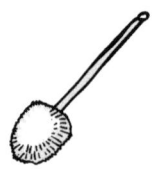

щітка для туалету

toilet brush

зубна щітка

toothbrush

зубна паста

toothpaste

нитка для чищення зубів

dental floss

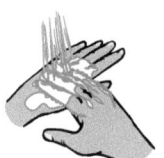

мити

wash

ручний душ

handheld shower

інтимний душ

douche

таз

basin

щітка для спини

back brush

мило

soap

гель для душу

shower gel

шампунь

shampoo

мочалка

flannel

водостік

drain

крем

cream

дезодорант

deodorant

ванна кімната - bathroom

дзеркало

mirror

косметичне дзеркало

hand mirror

бритва

razor

піна для гоління

shaving foam

лосьйон після гоління

aftershave

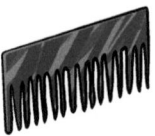

гребінь

comb

щітка

brush

фен

hair dryer

лак для волосся

hairspray

косметика

makeup

губна помада

lipstick

лак для нігтів

nail varnish

вата

cotton wool

ножиці для нігтів

nail scissors

парфум

perfume

косметичка

washbag

табурет

stool

ваги

weighing scale

халат

bathrobe

гумові рукавички

rubber gloves

тампон

tampon

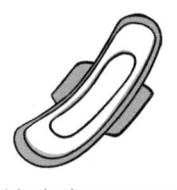

гігієнічні прокладки

sanitary towel

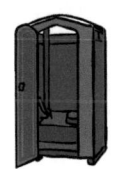

біотуалет

chemical toilet

дитяча кімната

child's room

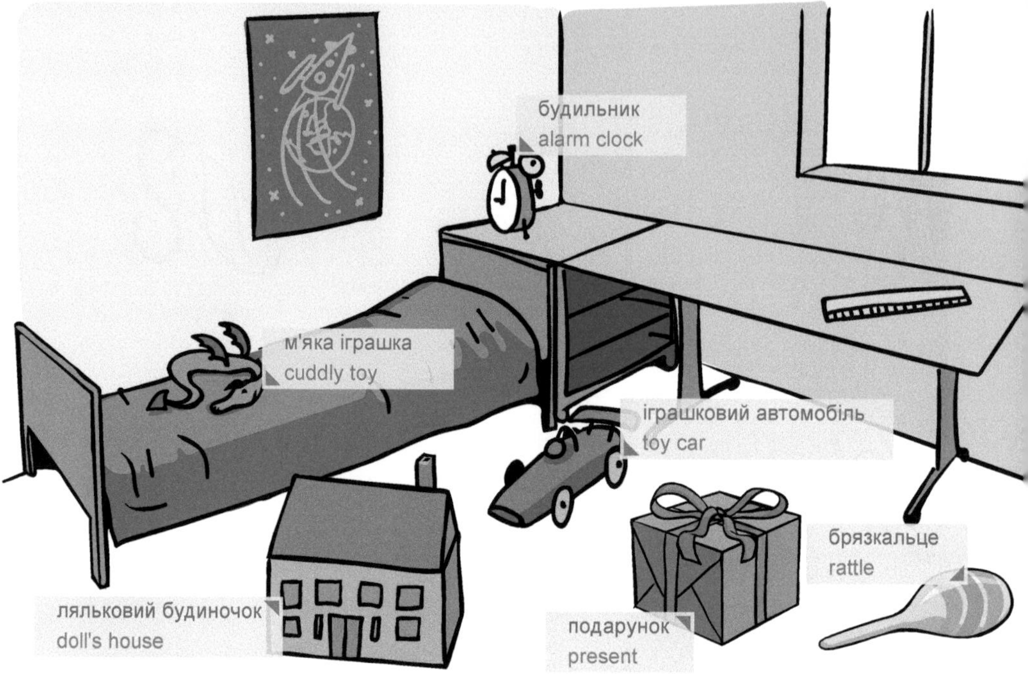

будильник
alarm clock
м'яка іграшка
cuddly toy
іграшковий автомобіль
toy car
брязкальце
rattle
ляльковий будиночок
doll's house
подарунок
present

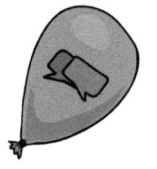

повітряна кулька

balloon

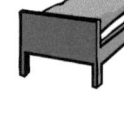

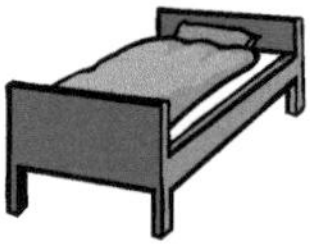

ліжко

bed

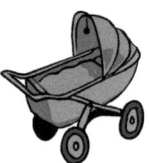

дитячий візок

pram

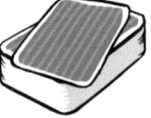

картярська гра

deck of cards

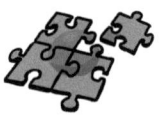

пазл

jigsaw

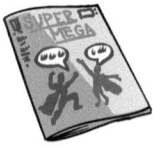

комікс

comic

лего цеглинки

lego bricks

блоки

building blocks

іграшкова фігурка

action figure

повзунки

babygrow

фризбі

frisbee

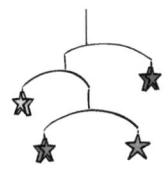

мобіле

mobile

настільна гра

board game

кубик

dice

модель залізнична станція

model train set

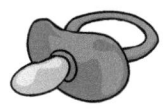

соска

dummy

вечірка

party

книжка з картинками

picture book

м'яч

ball

лялька

doll

грати

play

пісочниця

sandpit

гойдалка

swing

іграшка

toys

гральна консоль

video game console

триколісний велосипед

tricycle

плюшевий мішка

teddy bear

шафа

wardrobe

одяг
clothing

шкарпетки

socks

панчохи

stockings

колготки

tights

шарф
scarf

парасоля
umbrella

футболка
t-shirt

ремінь
belt

чоботи
boots

домашнє взуття
slippers

кросівки
trainers

сандалі
sandals

взуття
shoes

гумові чоботи
rubber boots

труси
underpants

бюстгальтер
bra

нижня сорочка
vest

одяг - clothing

боді

body

штани

trousers

джинси

jeans

спідниця

skirt

блузка

blouse

сорочка

shirt

пуловер

pullover

светр

hoodie

піджак

blazer

куртка

jacket

пальто

coat

дощовик

raincoat

костюм

costume

сукня

dress

весільна сукня

wedding dress

костюм

suit

нічна сорочка

nightgown

піжама

pyjamas

сарі

sari

головна хустка

headscarf

чалма

turban

бурка

burqa

кафтан

kaftan

абая

abaya

купальник

swimsuit

плавки

trunks

шорти

shorts

тренувальний костюм

tracksuit

фартух

apron

рукавички

gloves

одяг - clothing

гудзик

button

окуляри

glasses

браслет

bracelet

ланцюг

necklace

кільце

ring

сережка

earring

шапка

cap

плічка

coat hanger

капелюх

hat

краватка

tie

застібка-блискавка

zip

шолом

helmet

підтяжки

braces

шкільна форма

school uniform

уніформа

uniform

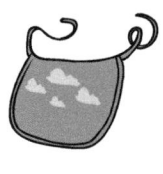

нагрудник

bib

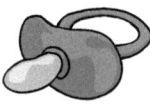

соска

dummy

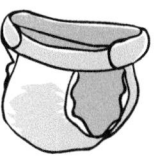

підгузок

nappy

офіс

office

сервер
server
шаф для документів
filing cabinet
принтер
printer
папір
paper
монітор
monitor
миша
mouse
письмовий стіл
desk
папка
folder
синтезатор
keyboard
стілець
chair
кошик для паперу
waste-paper basket
комп'ютер
computer

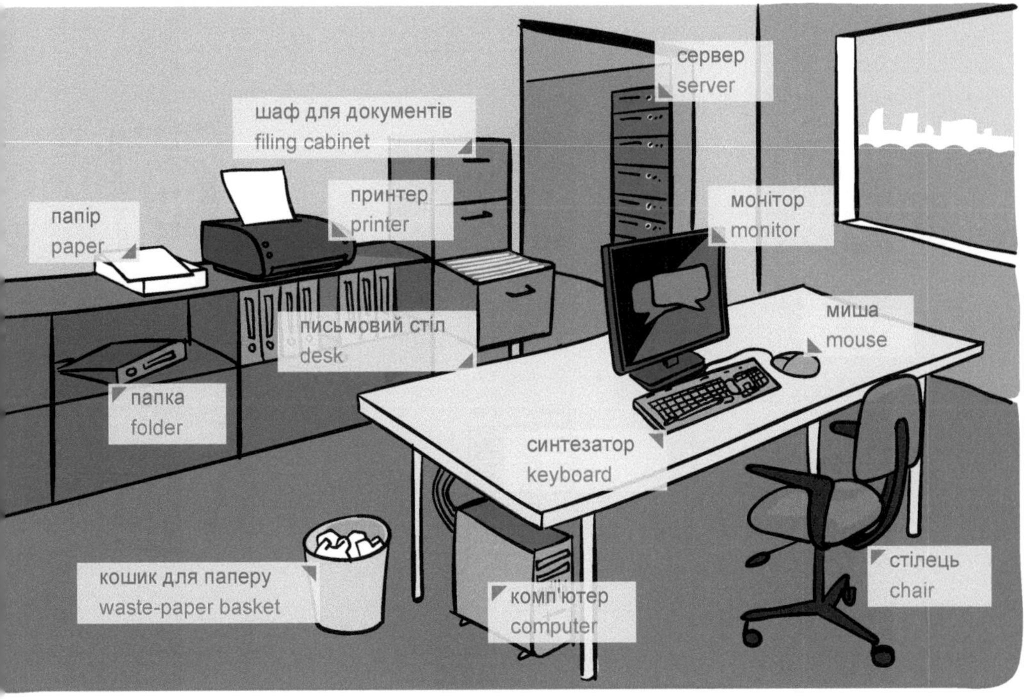

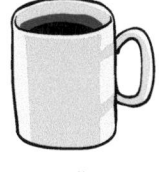

кавовий кухоль

coffee mug

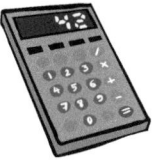

калькулятор

calculator

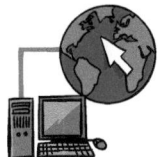

інтернет

internet

ноутбук

laptop

лист

letter

повідомлення

message

мобільний телефон

mobile

мережа

network

копіювальний пристрій

photocopier

програмне забезпечення

software

телефон

telephone

розетка

plug socket

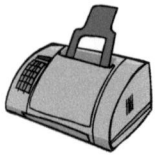

факс

fax machine

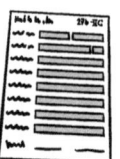

бланк

form

документ

document

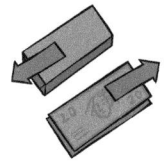

купувати

buy

платити

pay

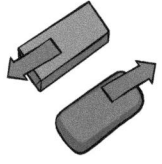

торгувати

trade

гроші

money

долар

dollar

євро

euro

ієна

yen

рубль

rouble

франк

Swiss franc

юанів женьміньбі

renminbi yuan

рупія

rupee

банкомат

cashpoint

обмінний пункт

bureau de change

золото

gold

срібло

silver

нафта

oil

енергія

energy

ціна

price

контракт

contract

податок

tax

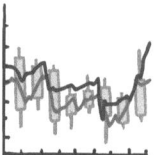

акція

stock

працювати

work

працівник

employee

роботодавець

employer

фабрика

factory

магазин

shop

професії
occupations

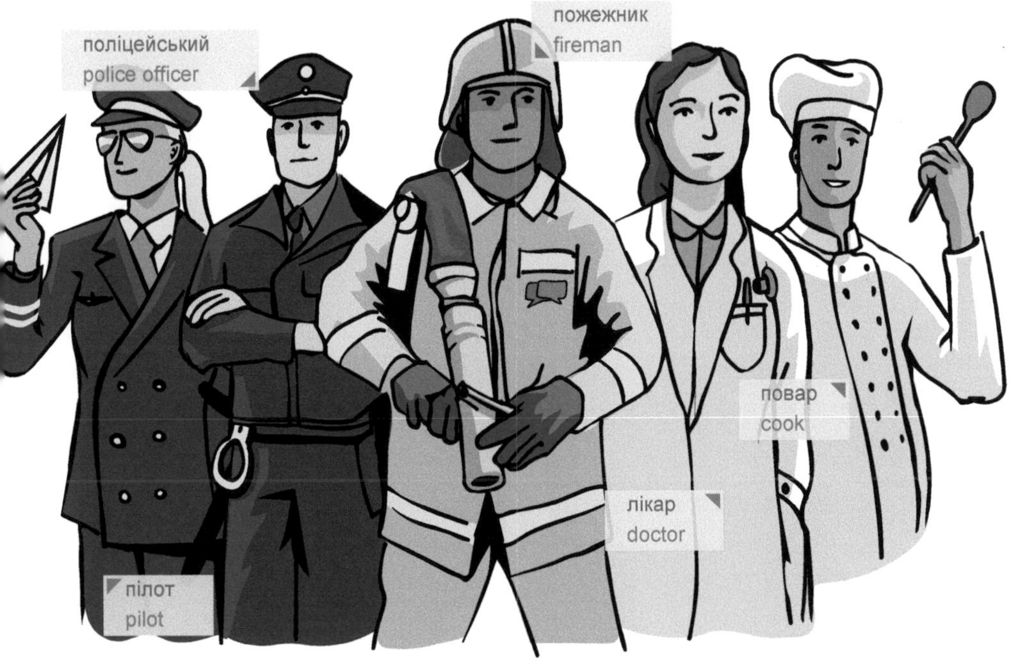

поліцейський
police officer
пожежник
fireman
повар
cook
лікар
doctor
пілот
pilot

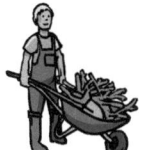

садівник
gardener

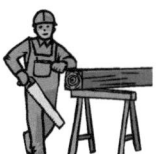

столяр
carpenter

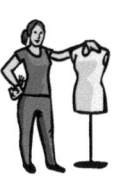

швачка
seamstress

суддя
judge

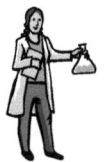

хімік
chemist

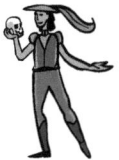

актор
actor

водій автобуса

bus driver

таксист

taxi driver

рибалка

fisherman

прибиральниця

cleaning lady

покрівельник

roofer

офіціант

waiter

мисливець

hunter

художник

painter

пекар

baker

електрик

electrician

будівельник

builder

інженер

engineer

забійник

butcher

бляхар

plumber

листоноша

postman

солдат

soldier

архітектор

architect

касир

cashier

флорист

florist

перукар

hairdresser

кондуктор

conductor

механік

mechanic

капітан

captain

дантист

dentist

вчений

scientist

рабин

rabbi

імам

imam

монах

monk

пастор

clergyman

професії - occupations

інструменти

tools

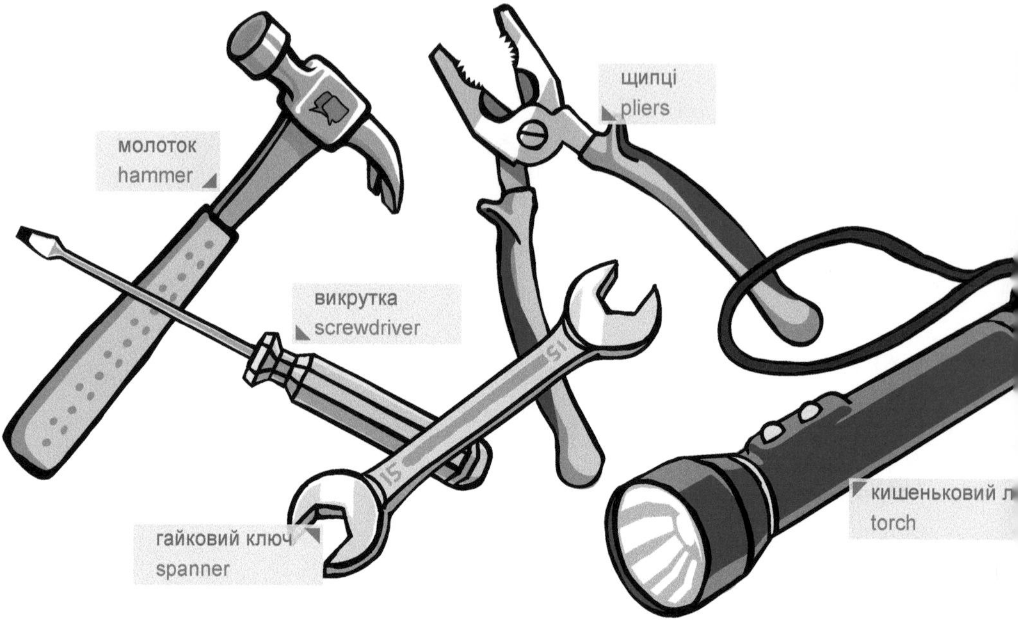
молоток
hammer
щипці
pliers
викрутка
screwdriver
гайковий ключ
spanner
кишеньковий
torch

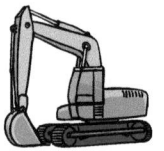

екскаватор

digger

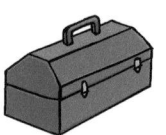

ящик для інструментів

toolbox

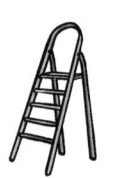

драбина

ladder

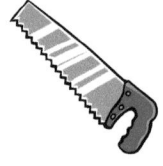

пилка

saw

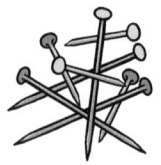

цвяхи

nails

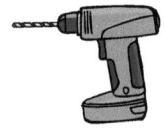

свердло

drill

ремонтувати

repair

лопата

shovel

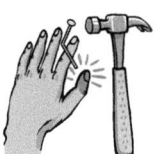

лайно!

Damn!

совок

dustpan

відро з фарбою

paint pot

гвинти

screws

музичні інструменти
musical instruments

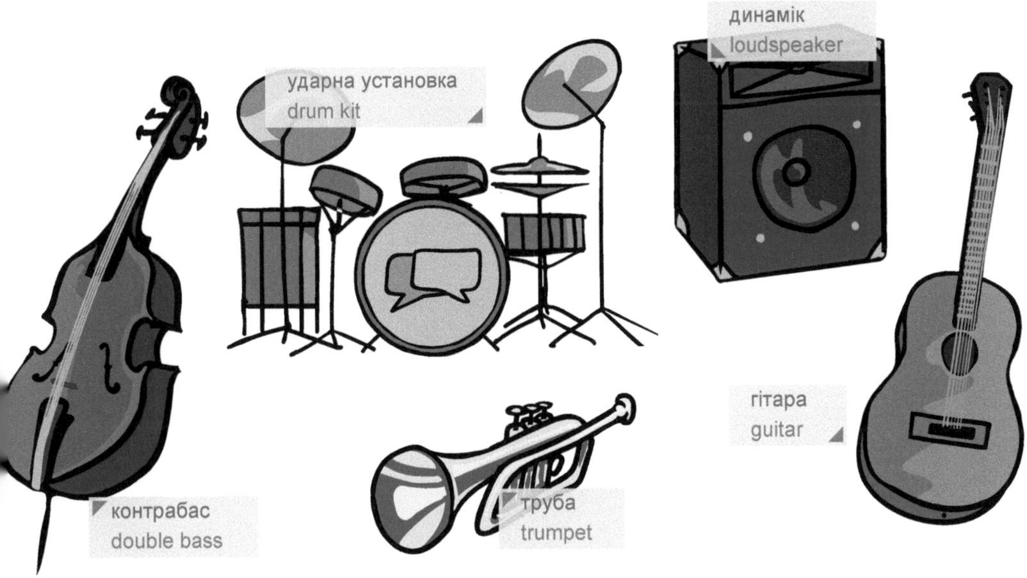

динамік
loudspeaker

ударна установка
drum kit

гітара
guitar

контрабас
double bass

труба
trumpet

фортепіано

piano

скрипка

violin

бас

bass

литаври

timpani

барабан

drums

клавіатура

keyboard

саксофон

saxophone

флейта

flute

мікрофон

microphone

зоопарк

zoo

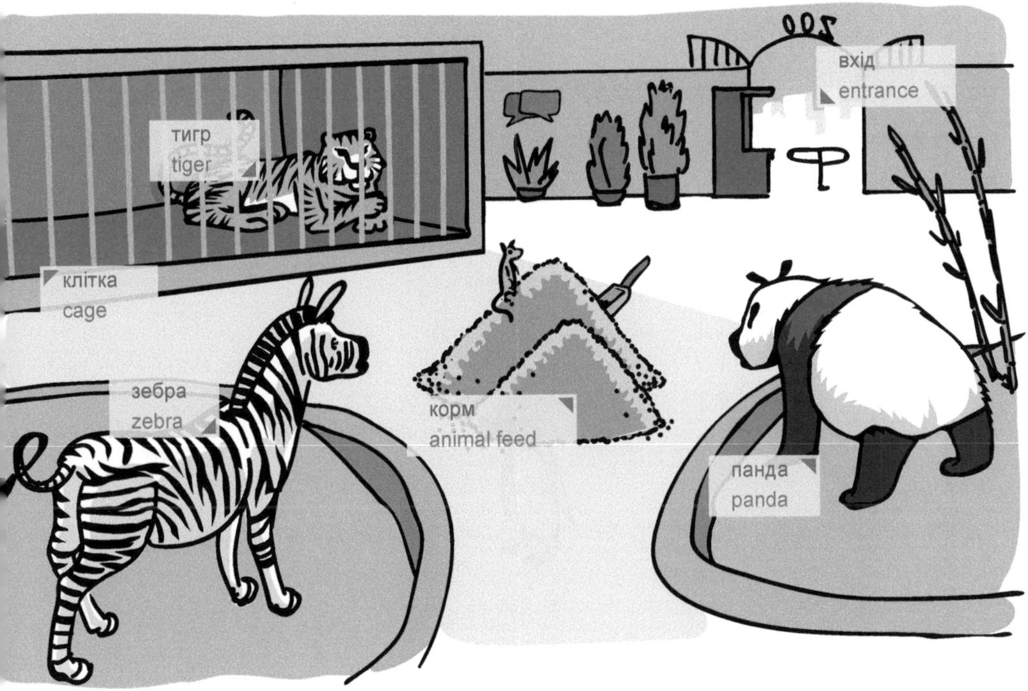
вхід
entrance
тигр
tiger
клітка
cage
зебра
zebra
корм
animal feed
панда
panda

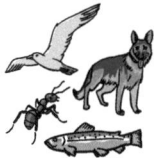

тварини

animals

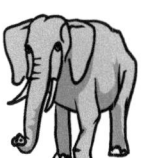

слон

elephant

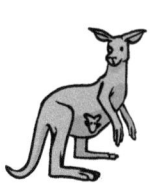

кенгуру

kangaroo

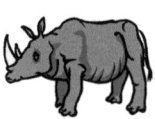

носоріг

rhino

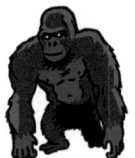

горила

gorilla

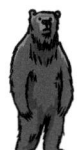

ведмідь

bear

верблюд

camel

страус

ostrich

лев

lion

мавпа

monkey

фламінго

flamingo

папуга

parrot

білий ведмідь

polar bear

пінгвін

penguin

акула

shark

павич

peacock

змія

snake

крокодил

crocodile

працівник зоопарку

zookeeper

тюлень

seal

ягуар

jaguar

поні

pony

леопард

leopard

гіпопотам

hippo

жираф

giraffe

орел

eagle

кабан

boar

риба

fish

черепаха

turtle

морж

walrus

лисиця

fox

газель

gazelle

американський футбол
American football

їзда на велосипеді
cycling

теніс
tennis

баскетбол
basketball

плавання
swimming

бокс
boxing

хокей
ice hockey

футбол
football

бадмінтон
badminton

легка атлетика
athletics

гандбол
handball

лижні перегони
skiing

поло
polo

стрибати
jump

обіймати
hug

сміятися
laugh

співати
sing

йти
walk

молитися
pray

цілувати
kiss

мріяти
dream

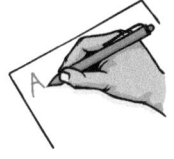

писати
write

малювати
draw

показувати
show

тиснути
push

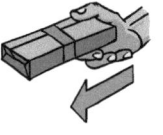

давати
give

брати
take

мати

have

робити

do

бути

be

стояти

stand

бігати

run

тягнути

pull

кидати

throw

падати

fall

лежати

lie

очікувати

wait

носити

carry

сидіти

sit

одягати

get dressed

спати

sleep

просипатися

wake up

дивитися
look at

плакати
cry

гладити
stroke

розчісувати
comb

розмовляти
talk

розуміти
understand

питати
ask

слухати
listen

пити
drink

їсти
eat

прибирати
tidy up

любити
love

варити
cook

їхати
drive

літати
fly

йти під вітрилом

sail

рахувати

calculate

читати

read

вчитися

learn

працювати

work

одружуватися

marry

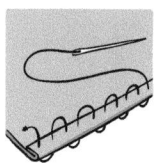

шити

sew

чистити зуби

brush teeth

убивати

kill

курити

smoke

посилати

send

сім'я
family

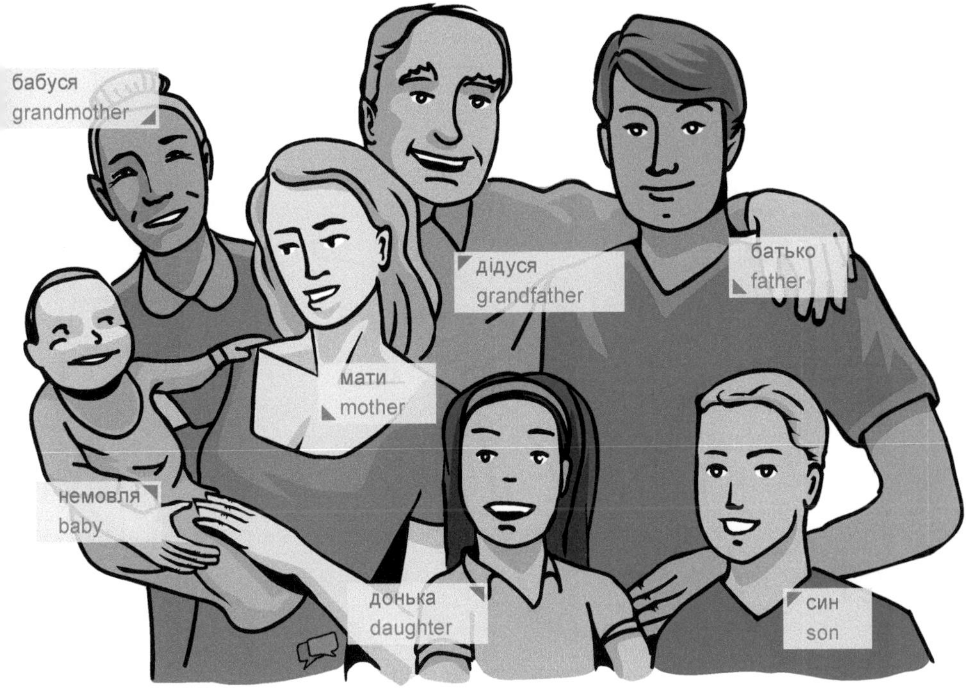
бабуся
grandmother
дідуся
grandfather
батько
father
мати
mother
немовля
baby
донька
daughter
син
son

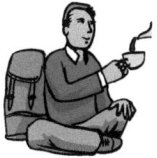

гість

guest

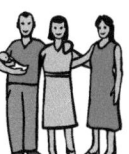

тітка

aunt

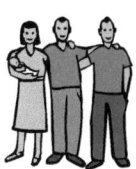

дядько

uncle

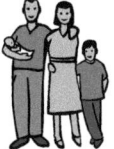

брат

brother

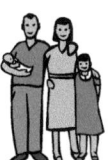

сестра

sister

тіло

body

чоло
forehead
око
eye
плече
shoulder
палець
finger
обличчя
face
підборіддя
chin
кисть
hand
груди
breast
нога
leg
рука
arm

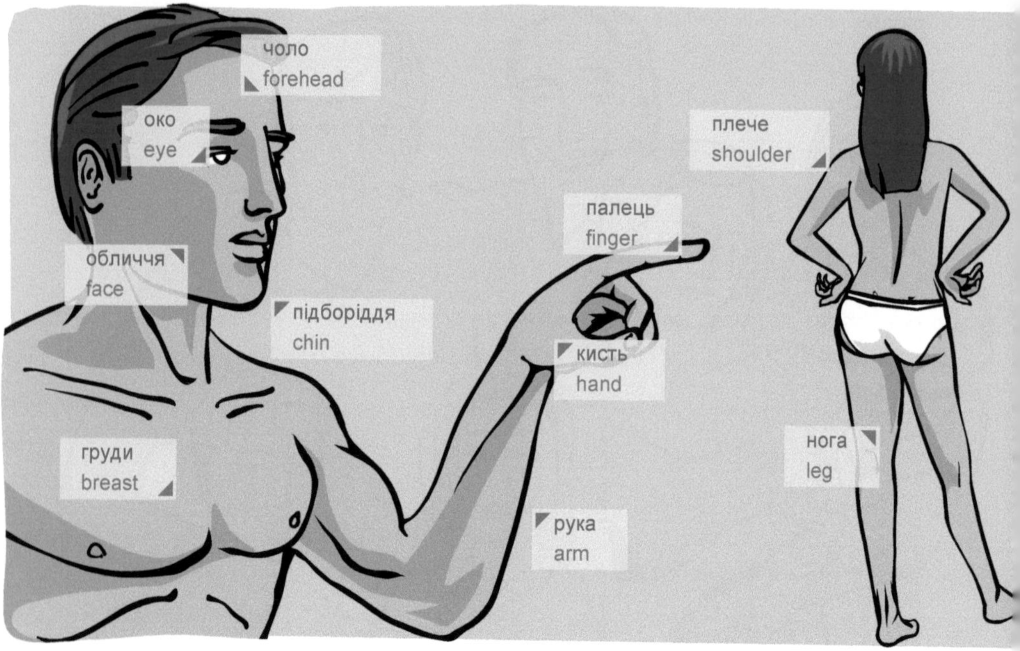

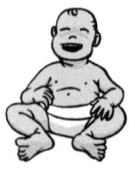

немовля

baby

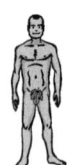

чоловік

man

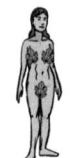

жінка

woman

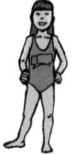

дівчина

girl

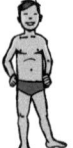

хлопчик

boy

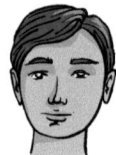

голова

head

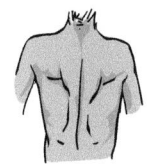

спина

back

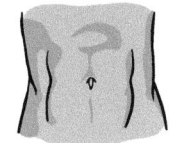

живіт

belly

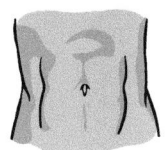

пуп

belly button

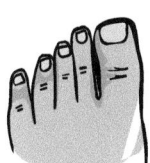

палець ноги

toe

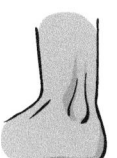

п'ята

heel

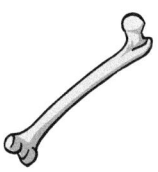

кістка

bone

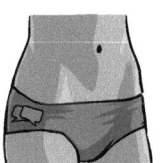

стегно

hip

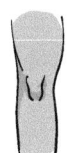

коліно

knee

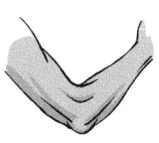

лікоть

elbow

ніс

nose

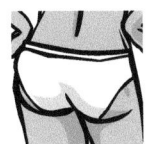

сідниці

bottom

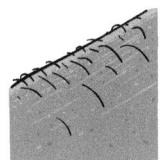

шкіра

skin

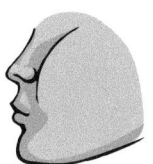

щока

cheek

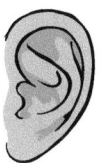

вухо

ear

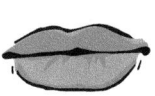

губа

lip

тіло - body

рот

mouth

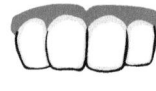

зуб

tooth

язик

tongue

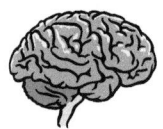

мозок

brain

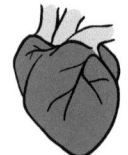

серце

heart

м'яз

muscle

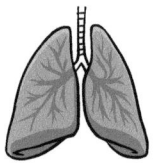

легені

lung

печінка

liver

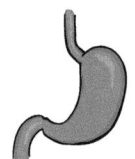

шлунок

stomach

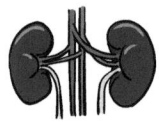

нирки

kidneys

статевий акт

sex

презерватив

condom

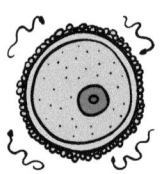

яйцеклітина

ovum

сперма

semen

вагітність

pregnancy

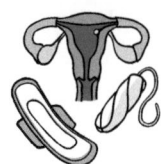

менstruація
menstruation

вагіна
vagina

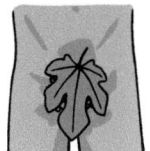

пеніс
penis

брова
eyebrow

волосся
hair

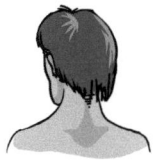

шия
neck

лікарня
hospital

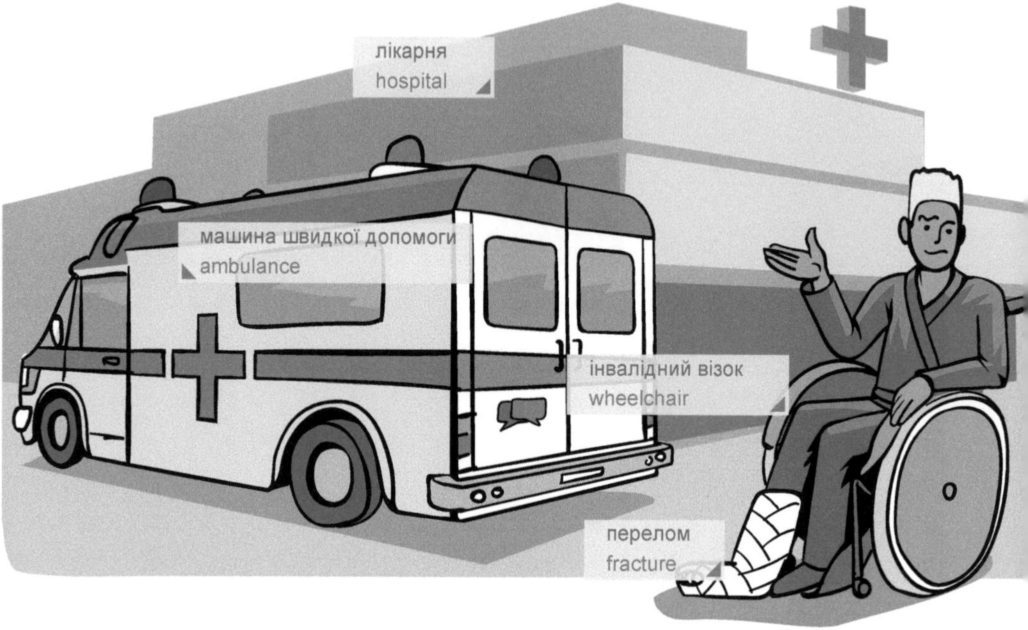

лікарня
hospital
машина швидкої допомоги
ambulance
інвалідний візок
wheelchair
перелом
fracture

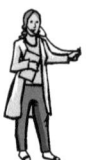

лікар
doctor

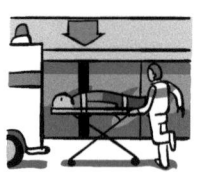

відділення швидкої медичної допомоги
emergency room

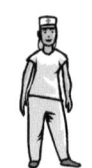

медсестра
nurse

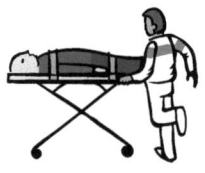

аварійний випадок
emergency

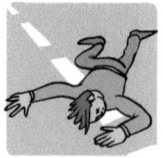

непритомний
unconscious

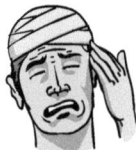

біль
pain

травма

injury

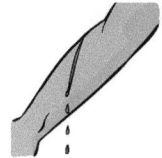

кровотеча

bleeding

інфаркт

heart attack

інсульт

stroke

алергія

allergy

кашель

cough

лихоманка

fever

грип

flu

пронос

diarrhoea

головна біль

headache

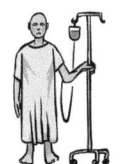

рак

cancer

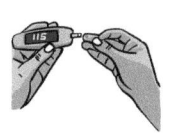

діабет

diabetes

хірург

surgeon

скальпель

scalpel

операція

operation

КТ

CT

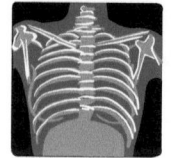

рентген

x-ray

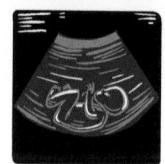

ультразвук

ultrasound

маска

face mask

хвороба

disease

зал очікування

waiting room

милиця

crutch

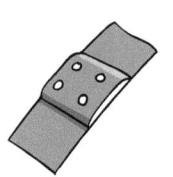

пластир

plaster

пов'язка

bandage

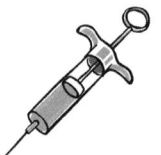

ін'єкція

injection

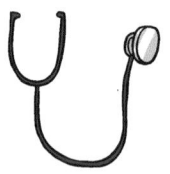

стетоскоп

stethoscope

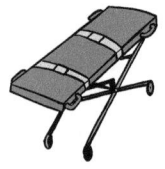

ноші

stretcher

термометр

clinical thermometer

народження

birth

надмірна вага

overweight

слуховий апарат

hearing aid

дезінфікуючий засіб

disinfectant

інфекція

infection

вірус

virus

ВІЛ / СНІД

HIV / AIDS

медицина

medicine

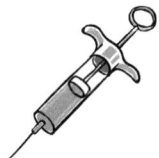

вакцинація

vaccination

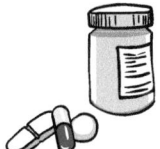

таблетки

tablets

протизаплідна пігулка

pill

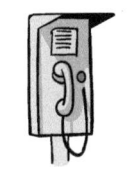

екстрений виклик

emergency call

тонометр

blood pressure monitor

хворий / здоровий

ill / healthy

Допоможіть!

Help!

сигнал тривоги

alarm

напад

assault

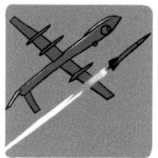

атака

attack

небезпека

danger

аварійний вихід

emergency exit

Вогонь!

Fire!

вогнегасник

fire extinguisher

аварія

accident

аптечка

first-aid kit

СОС

SOS

поліція

police

Європа

Europe

Північна Америка

North America

Південна Америка

South America

Африка

Africa

Азія

Asia

Австралія

Australia

Атлантика

Atlantic

Тихий океан

Pacific

Індійський океан

Indian Ocean

Антарктичний океан

Antarctic Ocean

Північний Льодовитий океан

Arctic Ocean

Північний полюс

North Pole

Південний полюс

South Pole

Антарктика

Antarctica

Земля

Earth

суша

land

море

sea

острів

island

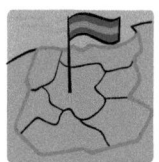

нація

nation

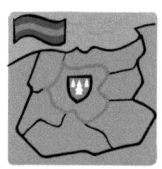

держава

state

циферблат

clock face

годинникова стрілка

hour hand

хвилинна стрілка

minute hand

секундна стрілка

second hand

Котра година?

What time is it?

день

day

час

time

зараз

now

цифровий годинник

digital watch

хвилина

minute

година

hour

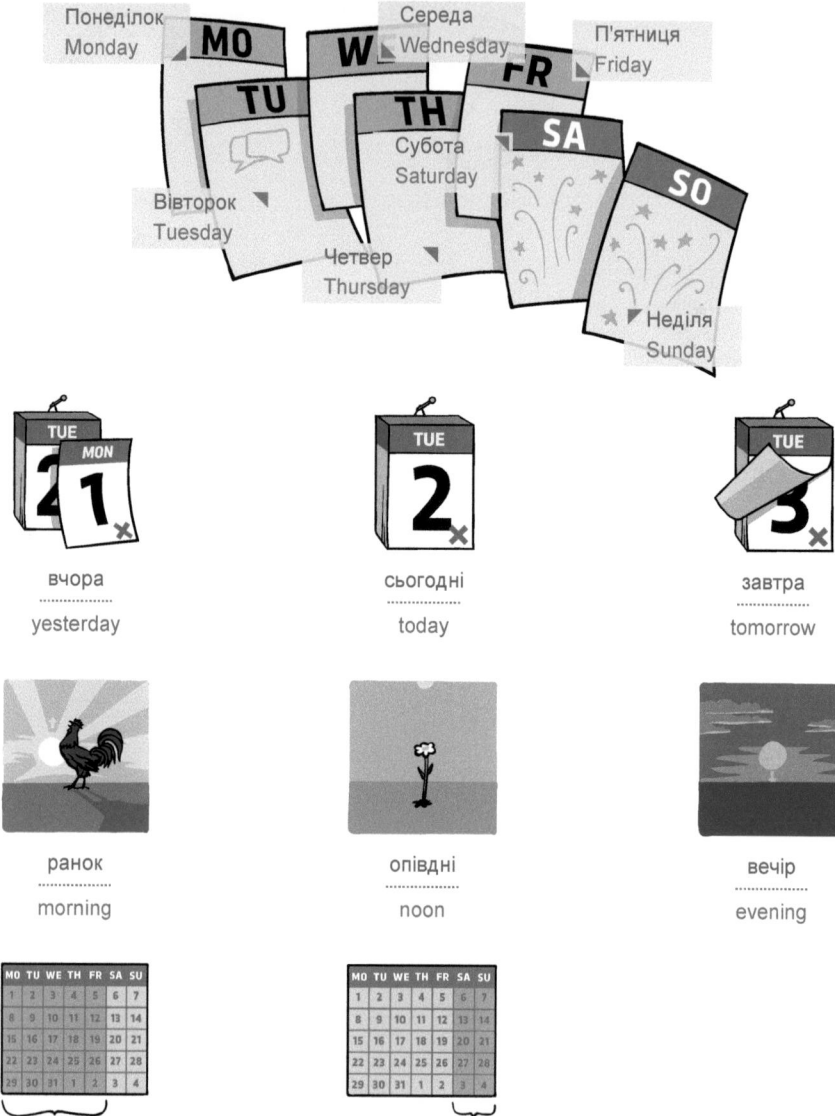

Понеділок / Monday
Середа / Wednesday
П'ятниця / Friday
Вівторок / Tuesday
Четвер / Thursday
Субота / Saturday
Неділя / Sunday

вчора
yesterday

сьогодні
today

завтра
tomorrow

ранок
morning

опівдні
noon

вечір
evening

робочі дні
business days

кінець робочого тижня
weekend

рік
year

дощ
rain
веселка
rainbow
вітер
wind
сніг
snow
весна
spring
осінь
autumn
літо
summer
зима
winter

4.APRIL 11°
5.APRIL 4°
6.APRIL 13°
7.APRIL 8°
8.APRIL 10°

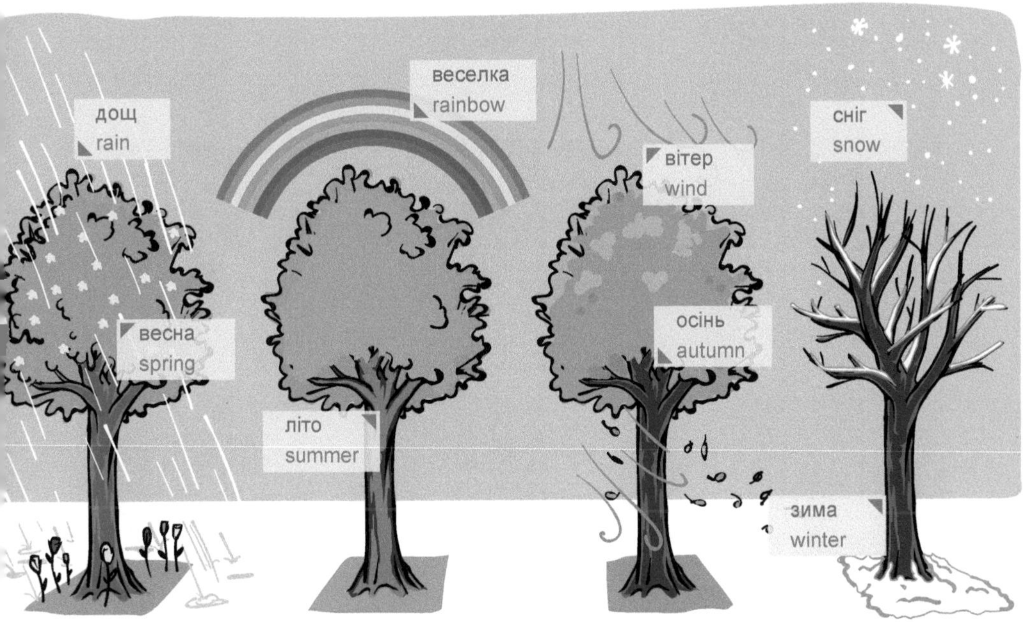

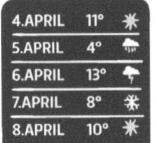

прогноз погоди

weather forecast

F
C
120
90
60
30
0
-30
40
30
20
10
0
-10
-20

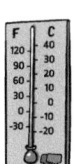

термометр

thermometer

сонячне світло

sunshine

хмара

cloud

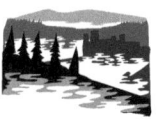

туман

fog

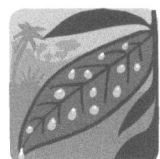

вологість повітря

humidity

блискавка

lightning

грім

thunder

шторм

storm

град

hail

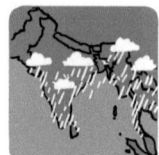

мусон

monsoon

повінь

flood

лід

ice

Січень

January

Лютий

February

Березень

March

Квітень

April

Травень

May

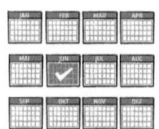

Червень

June

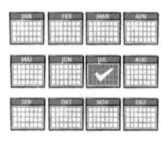

Липень

July

Серпень

August

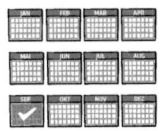

Вересень
....
September

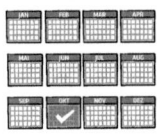

Жовтень
....
October

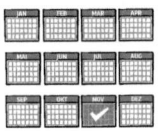

Листопад
....
November

Грудень
....
December

форми
shapes

круг
....
circle

квадрат
....
square

прямокутник
....
rectangle

трикутник
....
triangle

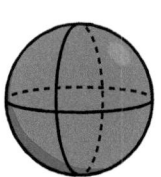

куля
....
sphere

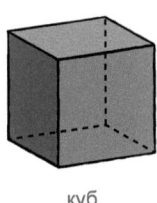

куб
....
cube

білий

white

жовтий

yellow

помаранчевий

orange

рожевий

pink

червоний

red

фіолетовий

purple

синій

blue

зелений

green

коричневий

brown

сірий

grey

чорний

black

багато / мало

a lot / a little

лютий / мирний

angry / calm

гарний / бридкий

beautiful / ugly

початок / кінець

beginning / end

великий / малий

big / small

світлий / темний

bright / dark

брат / сестра

brother / sister

чистий / брудний

clean / dirty

завершений /
незавершений
complete / incomplete

день / ніч

day / night

мертвий / живий

dead / alive

широкий / вузький

wide / narrow

їстівний / неїстівний

edible / inedible

злий / дружній

evil / kind

збуджений / нудьгуючий

excited / bored

товстий / тонкий

fat / thin

спочатку / востаннє

first / last

друг / ворог

friend / enemy

повний / порожній

full / empty

жорсткий / м'який

hard / soft

важкий / легкий

heavy / light

голод / спрага

hunger / thirst

хворий / здоровий

ill / healthy

незаконний / законний

illegal / legal

розумний / дурний

intelligent / stupid

вліво / вправо

left / right

поруч / далеко

near / far

новий / використаний

new / used

нічого / щось

nothing / something

старий / молодий

old / young

вкл / викл

on / off

відкрито / закрито

open / closed

тихо / гучно

quiet / loud

багатий / бідний

rich / poor

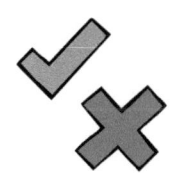

правильно / неправильно

right / wrong

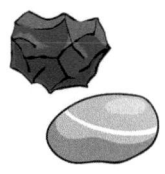

шорсткий / гладкий

rough / smooth

сумний / щасливий

sad / happy

короткий / довгий

short / long

повільно / швидко

slow / fast

вологий / сухий

wet / dry

гарячий / холодний

warm / cool

війна / мир

war / peace

протилежності - opposites

0

нуль

zero

1

один

one

2

два

two

3

три

three

4

чотири

four

5

п'ять

five

6

шість

six

7

сім

seven

8

вісім

eight

9

дев'ять

nine

10

десять

ten

11

одинадцять

eleven

12
дванадцять

twelve

13
тринадцять

thirteen

14
чотирнадцять

fourteen

15
п'ятнадцять

fifteen

16
шістнадцять

sixteen

17
сімнадцять

seventeen

18
вісімнадцять

eighteen

19
дев'ятнадцять

nineteen

20
двадцять

twenty

100
сто

hundred

1.000
тисяча

thousand

1.000.000
мільйон

million

англійська

English

американська англійська

American English

китайська
високочиновницька

Chinese Mandarin

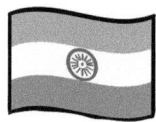

хінді

Hindi

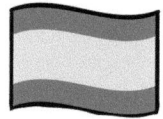

іспанська

Spanish

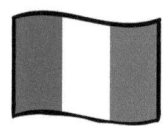

французька

French

арабська

Arabic

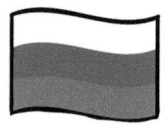

російська

Russian

португальська

Portuguese

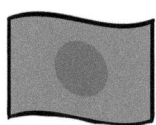

бенгальська

Bengali

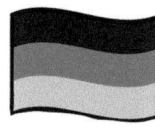

німецька

German

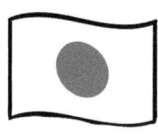

японська

Japanese

я
I

ти
you

він / вона / воно
he / she / it

ми
we

ви
you

вони
they

хто?
who?

що?
what?

як?
how?

де?
where?

коли?
when?

HELLO, I AM

ім'я
name

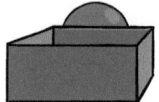

ззаду

behind

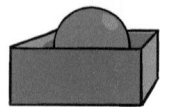

в

in

перед

in front of

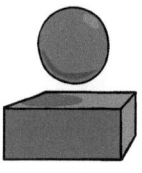

над

over

на

on

під

under

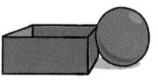

біля

beside

між

between

місце

place